TROP BEAU POUR RIEN FAIRE

COMÉDIE

Représentée pour la première fois à Paris, sur le théâtre du Vaudeville,
le 13 novembre 1855.

Paris.— Typ. Morris et Compagnie, rue Amelot, 64.

TROP BEAU

POUR RIEN FAIRE

COMÉDIE EN UN ACTE

MÊLÉE DE COUPLETS

PAR

MM. ÉDOUARD PLOUVIER ET J. ADENIS

Nouvelle Édition.

PARIS

MICHEL LÉVY FRÈRES, LIBRAIRES-ÉDITEURS

RUE VIVIENNE, 2 BIS

—

1856

PERSONNAGES

FERNAND DE COMMERY. . . . MM. Lagrange.
LEDENTU, maître de l'hôtel. . . . Parade.
LUCIE DE FRESNES. . . . . . Mlles Luther.
LISBETH, sa gouvernante. . . . Joséphine.
Un Garçon de Salle.

A Strasbourg, à l'hôtel du Cheval blanc.

TROP BEAU POUR RIEN FAIRE

Deux chambres d'ameublement tout à fait pareil séparées par une cloison. Porte de communication au milieu avec verrou de chaque côté. — Guéridons, canapés, fauteuils. Dans la chambre, à gauche du spectateur, la porte d'entrée est au deuxième plan de gauche. Dans la chambre de droite elle est au deuxième plan de droite. Au premier plan du même côté il y a la porte d'un cabinet. Une fenêtre au fond dans chaque chambre.

SCÈNE I.

FERNAND, LEDENTU, LE GARÇON.

(Au lever du rideau, Fernand est endormi sur le canapé, près du guéridon, dans la chambre de droite. — Au pied d'une bougie en train de brûler et près d'un masque, une lettre commencée est ouverte sur le guéridon. Une plume est tombée à terre. — On frappe en dehors à la deuxième porte, Fernand fait un mouvement, mais ne se réveille pas. — On frappe encore; puis entre l'aubergiste, en habits de fête, bouquet au côté et portant une bougie. Il est suivi du garçon de salle chargé de divers paquets.)

LEDENTU, allant au guéridon.

Monsieur! Monsieur!

FERNAND, ouvrant un œil.

Monsieur?

LEDENTU.

Je demande pardon à Monsieur de le déranger, mais... (Au garçon.) Tiens, il dort.

FERNAND, dormant.

Il dort...

LEDENTU, criant.

Que Monsieur me pardonne!... d'avoir réveillé Monsieur!

FERNAND.

Hein? quoi? Est-ce qu'il est minuit?

LEDENTU.

Minuit!... ah! ah! l'heure du bal masqué de la Redoute, à côté... Non, Monsieur, il n'est que dix heures, mais... (Le regardant.) Eh bien! il s'est rendormi... Diable!... (Criant plus fort.) Je suis désolé d'avoir réveillé Monsieur...

FERNAND, se réveillant presque.

Hein! qu'est-ce qu'il y a donc? ah! c'est vous, le Lion d'Or!

LEDENTU.

Non! pas le Lion d'Or; Monsieur se croit chez mon collègue, à l'hôtel en face; Non! Monsieur est chez moi, dans le plus bel hôtel de Strasbourg, au Cheval Blanc.

FERNAND, non réveillé.

Eh bien! quoi, le Cheval Blanc? (Il s'étend tout à fait sur le canapé.)

LEDENTU.

Voici, Monsieur : au beau milieu du festin par lequel je célèbre le mariage de ma fille... (Musique.) Pourvu qu'elle soit heureuse, ô mon Dieu!... Il m'arrive deux dames, l'une au service de l'autre : comme je n'ai plus qu'une chambre... (Montrant la cloison.) là, avec un seul lit; et comme attenant à ce petit salon il y a une chambre à deux lits, j'ai pensé qu'il serait indifférent à Monsieur de passer dans la pièce à côté; elle est pareille en tout point... Il n'y a qu'une porte de communication à ouvrir. (Il l'ouvre.) Monsieur voit que ça ne le dérangera pas beaucoup! (Reprenant sa bougie sur le guéridon.) Si Monsieur veut venir... (Silence de Fernand.) Il dort plus que jamais; il n'en faut pas davantage pour l'empêcher de me comprendre. (Criant.) Monsieur! (Au garçon.) Arthur, sais-tu quelle idée me vient? Oh! non. (Il pose sa bougie sur le guéridon.) Soulève avec moi ce canapé; là, là, bien!... (Ils transportent le canapé avec Fernand dessus dans la chambre de gauche.) Là, c'est fait! (Ils transportent à droite le canapé de gauche.) Ah! Arthur, ces effets! (Il montre au garçon une malle, un sac de nuit et un nécessaire de toilette que le garçon porte à gauche; puis il referme au verrou la porte de communication.) Maintenant mes voyageuses peuvent venir. (La musique cesse.)

SCÈNE II.

A droite, **LEDENTU, LUCIE, LISBETH,** un flambeau à la main. **— FERNAND,**
à gauche.

LEDENTU.

Voici la chambre que je puis offrir à Madame... Cette porte ouvre sur une petite pièce dans laquelle il y a deux lits. (Lisbeth y porte la malle de sa maitresse.)

LUCIE.

Bien! bien! merci!... Les chevaux à six heures du matin, n'est-ce pas, Monsieur.

LEDENTU.

Madame peut être tranquille : je ne l'oublierai pas... (A Lisbeth, à demi-voix.) Lisbeth, si vous pouvez trouver un moment pour venir danser avec nous et partager mes émotions... (S'arrêtant.) Ah!... quel jour!... — n'oubliez pas que nous vous attendons...

LISBETH.

Bon, bon, père Ledentu! Dès que ma maitresse n'aura plus besoin de mes services.

FERNAND, s'éveillant.

Tiens! on parle à côté!

LUCIE.

Tu connais donc Monsieur, Lisbeth.

LISBETH.

Voilà longtemps! Avec la permission de Madame, feue sa femme était une amie à moi, et sa fille qu'il a mariée aujourd'hui est ma filleule.

LUCIE.

Ah! ah! fort bien. Je comprends à présent ton insistance à m'amener ici... Eh bien! va ma bonne, je me déferai moi-même, va danser et causer du pays!...

LISBETH.

Ah! comme Madame est bonne; merci, Madame!

SCÈNE III.

LUCIE à droite, FERNAND à gauche.

FERNAND, tandis qu'à droite Lucie ouvre ses paquets, en tire divers objets, entre autres un livre.

On entend admirablement d'ici. — C'est une dame avec sa femme de chambre. Ah! quand j'étais jeune... j'aurais vu là l'occasion d'une aventure... Je n'aurais ni bu, ni mangé, avant d'avoir reconnu si ma voisine était jeune et jolie... tandis que maintenant... il n'y a pas de danger que... (Brusquement.) Il faut que je la voie, cette dame! (Il se lève, se dirigeant vers la gauche.) Tiens! j'aurais juré que la porte condamnée était de ce côté!... Ça, mais, où suis-je donc ici? et comment y suis-je venu?

LUCIE, regardant à sa montre.

Dix heures et demie.

FERNAND.

Je comprends! J'avais cru faire un rêve, avec cauchemar! Un monstre affreux me tenait par la tête, un autre monstre par les pieds, et... il paraît que le fait est historique : j'ai été apporté ici par le Cheval Blanc... ou le Lion d'Or, je ne sais jamais lequel; et l'on a donné ma chambre à cette dame qui... — Oh! ce n'est pas que je tienne beaucoup à la voir... toutes les femmes se ressemblent, c'est comme tous les chats et... (Il s'est baissé devant la porte.) Ah! ventre de cerf! il n'y a pas de serrure! Rien qu'un verrou; allons! (Il retourne au canapé.) essayons de nous rendormir jusqu'à l'heure du bal masqué.

LUCIE, son livre à la main.

Ce *Voyage autour de ma chambre* est toujours un livre charmant. (Elle pose son livre sur la table et appuie son front sur sa main comme pour lire. Elle aperçoit alors la lettre commencée de Fernand à côté de son livre.) Tiens, une lettre!... interrompue, je crois! Et... quoi donc? un masque. Il serait bien indiscret de la lire, cette lettre. (Lisant.) « Mon cher Georges, comme je devais bien m'y attendre, « à mon retour de Rome j'apprends qu'un autre est nommé

« à la place officielle que je sollicitais. Pardonne-moi si, en
« recevant cette nouvelle, j'ai encore quitté brusquement
« Paris sans prendre congé d'aucun des nôtres, et sans même
« te serrer la main. Puisque décidément... » (Interrompant sa lecture.) C'est indigne ce que je fais là!... (Reprenant.) : « Puisque
« décidément je suis *Trop beau pour rien faire*, comme vous
« disiez tous... » (S'interrompant.) Qu'est-ce que cela veut dire? et
quel est le fat qui écrit de telles choses. — Je voudrais bien le
voir!... (Reprenant) : « Je m'en vais en Allemagne après avoir
« réalisé le peu qui me reste : cinq mille francs environ
« et je me rends dans une de ces villes bienfaisantes où le
« tapis vert est encore toléré. Ce sera ma dernière avance à la
« fortune. Si je gagne, je fonderai quelque établissement; si
« je perds, oh! alors, comme désormais aucun but ne me
« paraît plus digne d'aucun effort, j'irai rejoindre ma mère. »
Voilà tout! le voyageur s'est arrêté là, emportant avec lui la
fin de sa lettre. (Elle relit tout bas.)

FERNAND, se redressant.

Allons! non! le sieur Morphée ne vient pas. Que faire?... Si
je finissais d'écrire à Georges? C'est cela! Tiens!... où donc
est ma lettre? — Il me semble bien qu'avant de m'endormir...
(Il regarde sur la table et cherche dans ses poches.)

LUCIE, relisant.

« J'irai rejoindre ma mère... » Si la lettre est d'un fat, ce
sentiment-là au moins est d'un homme qui a gardé un peu de
cœur!

FERNAND, se frappant le front.

Eh! parbleu! elle est restée de l'autre côté! et mon masque
aussi!

LUCIE, quittant la lecture de la lettre pour reprendre son livre.

Après tout, je ne suis pas monsieur Georges, moi! et je ne
dois pas lire ce qui lui est adressé.

FERNAND.

Mais alors... ma lettre est au pouvoir de cette dame à qui
l'on a donné mon ex-chambre! Il me semble que j'ai bien le
droit de... (Il va frapper doucement à la porte de communication.)

LUCIE, un peu effrayée.

Hein! Ah! mon Dieu! quelqu'un. (Haut.) Que me veut-on?
qui est là?

FERNAND, à part.

Jolie voix! (Haut.) Pardon, Madame! je suis le voyageur qui
occupait avant vous la chambre où vous êtes en ce moment. En
la quittant, cette chambre, j'ai laissé par mégarde sur le guéridon une lettre commencée...

LUCIE, à part.

Oh! mon Dieu! ce jeune homme, « *trop beau pour...* » — Il
est là!

FERNAND.

Est-ce que vous seriez assez bonne, Madame, pour me remettre cette lettre?...

LUCIE, un peu embarrassée.

Monsieur, je... je vais sonner pour qu'on vous la porte à l'instant!

FERNAND, saluant comme en présence de Lucie.

Que d'obligations!... Mais, Madame, permettez, il est peut-être inutile d'appeler quelqu'un... Si vous vouliez seulement avoir l'obligeance de glisser le papier sous la porte...

LUCIE.

Oui, en effet, c'est facile! Voici, Monsieur... (Elle fait passer la lettre.)

FERNAND.

Mille grâces, Madame! (A part.) Un timbre doux comme un chant d'oiseau, et si le plumage ressemble au ramage... (Il va pour regarder par la serrure.) Encore un verrou! Le même! pitoyable invention, affreuse auberge! (Il retourne à la table et se met en devoir d'écrire.) Ah! ah! voyons. (S'arrêtant.) Je voudrais bien savoir si elle l'a lue?... (Parcourant la lettre des yeux.) Mon Dieu, faites qu'elle ne l'ait pas lue...—Il y a un vieux moyen pour savoir : c'est de demander. (Se relevant et se rapprochant de la cloison.) Madame... pardon, Madame!

LUCIE.

Qu'est-ce donc, Monsieur?

FERNAND.

Madame, elle était ouverte sur le guéridon... cette lettre... et... alors, en vous approchant... (Parlant plus fort.) sans le vouloir, grand Dieu! vos yeux ont dû naturellement tomber...

LUCIE, à part, en souriant.

Je comprends. — (Haut.) Je ne comprends pas, Monsieur! Maintenant, Monsieur, que j'ai fait ce que vous attendiez de moi... je désire que vous veuillez bien ne me plus parler, car je ne pourrais plus vous répondre.

FERNAND.

Pourquoi donc, Madame? Je dormais, moi, tout à l'heure ! et même je faisais un rêve adorable... je vais vous le raconter.

LUCIE.

Non, Monsieur, non!

FERNAND.

Ce sera pour une autre fois.—Mais alors, Madame, puisque c'est vous qui m'avez réveillé, permettez-moi de causer avec vous : ce sera une compensation.

LUCIE, à part.

Quelle insouciance, quelle gaieté!

FERNAND.

Plaît-il, Madame?

LUCIE, toujours à elle-même.

Qu'ai-je à craindre?... il ne paraît pas mal élevé! (Haut.) Causons donc, Monsieur, puisque je vous dois une compensation. Seulement, souvenez-vous que j'ai le droit de compter sur votre réserve, votre bon goût.

FERNAND.

Au nom du ciel, Madame, comptez-y!... (Il tourne son fauteuil du côté de la cloison.) Êtes-vous mariée, Madame?

LUCIE, scandalisée, à elle-même.

Hein! par exemple! (Haut.) Vous appelez cela causer, Monsieur! et voilà votre bon goût?

FERNAND.

Justement! en fait de conversation, le bon goût prescrit certaines différences de style, selon qu'on parle à une veuve ou à une jeune personne, à une vieille fille ou à une femme mariée...

LUCIE.

Je... je suis mariée, Monsieur!

FERNAND, un peu haut.

Tant pis! (A part.) Elle ne demande pas pourquoi!... —Moi, Madame, je suis célibataire et je vais à Bade. (Pause.) Vous, Madame, où pouvez-vous bien aller?

LUCIE.

Très-loin, Monsieur!

FERNAND.

Pour?

LUCIE, riant.

Pour... retrouver mon mari apparemment!

FERNAND.

A propos, Madame, l'aimez-vous, votre mari?

LUCIE.

Pardon, Monsieur, vous plairait-il de changer de conversation?

FERNAND.

Il me plaît, Madame, tout ce qui peut vous plaire. (Pause.) Charmant hôtel, cet hôtel du Lion d'Or, les chambres sont ornées avec un goût exquis: il y a des meubles, des peintures, des objets d'art... Ah! ça donne envie d'y mettre le feu.

LUCIE.

N'oubliez pas que je suis là, Monsieur, si vous brûlez l'hôtel!

FERNAND.

Ce sera pour une autre fois!... Mais remarquez que dans cet incendie allumé par moi vous pourriez périr? Je ne l'allume pas : donc je vous sauve la vie! (Silence. — Quel joli tableau avez-vous, Madame, de votre côté?

LUCIE, se retournant et lisant en riant.

« *La Continence de Scipion l'Africain.* »

FERNAND.

Tiens! j'ai le pendant par ici, moi! « *La chaste Suzanne.* » C'est un temple à la vertu, cet hôtel du Cheval Blanc. Mais la vertu, au bout du compte, ça vaut-il un temple?... car enfin,

moi, tenez, Madame, j'ai peut-être plus de vertu que Suzanne
et que Scipion, et on ne m'a jamais lithographié, moi! ni
accroché dans une auberge! Non, Madame, jamais!...—Madame,
je ne sais quel affreux pressentiment me dit que vous ne m'é-
coutez pas.

LUCIE, qui depuis quelques instants a repris son livre, mais ne l'a
pas ouvert.

Si, Monsieur; mais en même temps, je me permets de lire.
Je lis, et la preuve... (Ouvrant le livre au hasard et lisant.) « Et
« pourquoi mon âme refuserait-elle les jouissances qui sont
« éparses sur le chemin difficile de la vie? Elles sont si
« rares!... »

FERNAN, répétant.

Si rares.

LUCIE.

« Si clairsemées... » (Elle s'arrête.)

FERNAND.

Si clairsem..... Vous vous arrêtez, Madame? c'est pourtant
bien joli ce que vous lisiez là, et bien vrai! Voulez-vous qu'à
mon tour je vous fasse un peu la lecture? (Silence. — Tirant un
livre de sa poche et cherchant un peu avant de lire.) « O amour, roi des
« dieux et des hommes! Dans la ville d'Abdère, tout retentis-
« sait du nom d'amour, chaque bouche le prononçait comme
« les notes d'une douce mélodie; et l'on entendait partout :
« Amour! amour, roi des dieux et des hommes! » Ce n'est
pas moi, Madame, c'est Sterne qui dit cela dans son *Voyage
sentimental*. J'ajouterai que cette lecture me fait faire une ré-
flexion que je n'oserai jamais vous communiquer. La voici :
Madame, vous n'aimez pas votre mari !

LUCIE.

Monsieur !

FERNAND.

Quand on est forcé de se séparer d'un mari qu'on aime, on
n'est pas libre d'esprit et gaie comme vous l'étiez tout à
l'heure.....

LUCIE.

Ah! ça, Monsieur.

FERNAND.

Madame, vous n'avez pas le mari qui vous ferait vous écrier
comme la ville d'Abdère : « *O amour, roi des dieux et des
« hommes !* » Et c'est moi, je vous le jure, que l'occasion aurait
dû placer sur votre chemin...

LUCIE, vivement.

Et moi je vous jure que je n'eusse jamais épousé un homme
trop beau pour rien faire!...

FERNAND, s'écriant.

Madame, vous avez lu ma lettre!

LUCIE.

Moi, Monsieur! mais non! Je n'ai regardé que... que ce

masque. Tenez! Et à propos, pourquoi donc ce masque? me permettez-vous de vous le demander?

FERNAND.

Mon Dieu, Madame, je l'avais fait acheter ce soir pour aller à minuit au bal masqué qui se danse à côté..... et même, tenez, cela me donne une bien charmante idée...

LUCIE.

Et laquelle, Monsieur? (A part.) Je voudrais bien voir cet homme-là!

FERNAND.

Un masque, c'est la muraille de la Chine entre une femme et un homme. Si vous daigniez mettre ce masque, Madame, et me faire la grâce de me recevoir chez vous, on nous servirait des rafraîchissements, nous causerions librement et doucement au son des musiques, enfin nous serions au bal masqué... et je n'emporterais de notre rencontre rien qui pût vous la faire regretter, Madame, rien que le souvenir harmonieux d'une voix d'ange entendue dans un rêve!..

LUCIE, à part.

Sa lettre annonce des projets qui peuvent le laisser sans ressources et le changer en joueur... si je pouvais l'y faire renoncer.

FERNAND.

Quoi! pas un mot! Faut-il vous supplier en vers? soit! j'accorde mon luth.

Air de Montaubry.

Que ma voix persuasive
        Pénètre chez vous ;
A ma prière plaintive
        Faites entre nous
        Tomber les verrous !

Ecoutez aussi ce livre
        Que tient votre main!
Et cueillez ce qui fait vivre :
        Les fleurs du chemin !
Dieu pour nous les fait éclore
Au devant de nos désirs,
Et c'est autant de plaisirs
De plaisirs à joindre encore
Au bouquet des souvenirs !

Que ma voix persuasive, etc.

LUCIE.

Je consens; à cette condition que vous me direz comment un homme peut être trop beau pour rien faire?

FERNAND.

Soit, Madame, ou du moins je vous dirai ce que signifie cette mauvaise plaisanterie.

LUCIE,

Monsieur, dans quelques instants je vous attendrai au bal masqué.

FERNAND, saluant.

Madame, dans quelques instants j'aurai l'honneur de me faire annoncer chez vous. Appelons! (Il va à la fenêtre. — Criant.) Le Lion D'or! ou le Cheval Blanc !

LUCIE, à part.

Il faut bien faire un semblant de toilette. (Elle entre dans le cabinet de gauche.)

SCÈNE IV.

A gauche, FERNAND, puis LEDENTU.

FERNAND, redescendant la scène.

Il a daigné m'entendre, cet aubergiste dansant!... Ah! ce bout d'aventure me plaît... je serais allé au bal de la Redoute, je n'y eusse certes pas entendu une voix plus fraîche et plus mélodieuse.

LEDENTU, entrant. Il est légèrement gris.

Il faut que ce soit vous, Monsieur, pour que je me dérange ainsi moi-même aujourd'hui! Vous ai-je dit que je mariais ma fille, Monsieur?..

FERNAND, l'interrompant.

Vous ne pouvez mieux faire, mon cher hôte, si vous tenez à lui donner un époux. Voici ce que j'attends de votre obligeance; vous allez vous-même, n'est-ce pas, monter chez cette dame qui est là...

LEDENTU, préoccupé.

Marier sa fille, Monsieur, cet acte renferme... quand on est père ! des émotions qui ne sauraient être comprises que par...

FERNAND.

Un père! cela se peut bien... Vous allez monter chez cette dame des lumières, des fleurs.....

LEDENTU.

Pourvu qu'elle soit heureuse, ô mon Dieu!..— Des fleurs, des lumières, oui Monsieur.

FERNAND.

Vous monterez ensuite des rafraîchissements, du thé par exemple...

LEDENTU.

Monsieur n'est pas malade?...

FERNAND.

Non, merci; vous êtes bien bon! Ah! dites donc, mon cher... le Cheval Blanc, cette dame d'à côté, comment est-elle?

LEDENTU.

Rien n'est plus charmant, Monsieur! Elle est beaucoup

mieux que son père et l'air extrêmement gai ; mais si plus tard il allait trahir la foi jurée...

FERNAND.

Qui donc?

LEDENTU.

Mon gendre!

FERNAND, furieux.

Assez! allez et faites vite!

LEDENTU, en s'en allant.

C'est compris, Monsieur ; mais il faut bien que ce soit vous pour que, dans un pareil jour... (Il disparait.)

FERNAND.

Allez... allez, le Lion d'Or... (Redescendant.) Il est parti!

LEDENTU, rentrant.

Le Cheval Blanc, Monsieur.

SCÈNE V.

FERNAND, seul.

Peut-être qu'il suivra mes ordres... Je crois devoir faire une certaine toilette. Je serais allé au bal voisin en redingotte, comme un étudiant ; ici l'habit noir m'est imposé. (Il procède tout en parlant à quelques détails de toilette.) Ma parole d'honneur, cette soirée m'enchante... et je ne sais ce qui se passe en moi, mais on dirait que... cette dame ne m'est déjà plus indifférente... Il y a si longtemps que je n'ai aimé!... Oui, il y a bien six mois! Et mon cœur est comme la nature : il a horreur du vide. (Il continue de s'habiller.)

SCÈNE VI.

A gauche, FERNAND, à droite, LEDENTU et LE GARÇON apportant des candélabres et des vases pleins de fleurs.

LEDENTU.

Arthur, ta conduite m'indigne! Ton patron marie sa fille et tu affiches une froideur que je n'aurais jamais attendu de toi! Tu n'as pas de cœur, Arthur, tu n'as pas de cœur!

ARTHUR.

Mais, Monsieur...

LEDENTU.

Tais-toi! forme des vœux pour son bonheur et va lui dire que je descends. (Arthur disparait par la deuxième porte. Lucie rentre parée et son masque à la main par la porte du premier plan. Elle porte sur sa robe une de ces mantes dites coin du feu et qui déguise sa taille.)

SCÈNE VII.

A gauche, **FERNAND,** à droite, **LUCIE et LEDENTU.**

LUCIE, apercevant les fleurs et les lumières.

Oh! mais, voici une transformation tout à fait charmante!...
Mes compliments, Monsieur l'aubergiste!

LEDENTU.

Je vais les lui reporter, Madame; elle sera bien émue .. un
pareil jour, vous comprenez!... Pourvu qu'elle soit heureuse,
oh! mon Dieu!

LUCIE, étonnée.

Qui donc?

LEDENTU.

Ma fille, Madame; elle est extrêmement gaie en ce moment...
Dieu veuille que cela dure! Pour ce qui est de Lisbeth, votre
gouvernante, elle danse avec une force qui nous a touchés
tous sincèrement!

FERNAND, habillé et ganté.

Me voilà prêt. (Il tire le verrou de son côté.)

LUCIE.

Fort bien! ouvrez cette porte, je vous prie; et veuillez dire
à la personne qui est là que vous êtes prêt à l'introduire ici.
(Elle s'assied et met son masque.)

LEDENTU.

Mais...

LUCIE.

Allez.

LEDENTU, obéissant et entrant à droite.

Monsieur...

FERNAND.

Parfait! j'ai entendu; vous pouvez m'annoncer.

LEDENTU.

Monsieur a écrit son nom sur mon livre, mais j'ai l'esprit si
troublé...

FERNAND.

Dites : M. Henri Fitz-Roy.

LEDENTU, rentrant à gauche, suivi de Fernand, et annonçant.

M. Henri, fils de roi.

LUCIE, se levant et saluant.

Fils de roi!

FERNAND, saluant.

Fitz-Roy, Madame! Pour cette soirée de carnaval vous avez
mis un masque sur vos traits, je me permets d'en mettre un
sur mon nom. Fitz-Roy, c'est le nom que le romancier anglais
Bulwer a donné à celui de ses héros surnommé « *Trop beau*
« *pour rien faire.* » (A Ledentu.) Laissez-nous, Lion d'Or, et son-
gez aux rafraîchissements.

LUCIE, à part.

Il n'est pas trop laid; mais il n'est pas non plus trop beau!

LEDENTU, à part, en se retirant.

Un masque! chez moi! un pareil jour... (Il disparaît.)

SCÈNE VIII.

LUCIE, FERNAND.

FERNAND, s'asseyant après Lucie. — On doit remarquer un changement dans ses manières qui, d'un peu libres qu'elles semblaient être, dans les scènes précédentes, sont redevenues très-réservées et d'une élégance parfaite.)

Vous êtes vraiment bonne, Madame, de recevoir chez vous un homme qui n'a pas l'honneur de vous connaître, et je ne sais comment vous remercier...

LUCIE.

Vous me remercierez, Monsieur, en m'apprenant comment il se peut qu'on soit...

FERNAND, riant.

« Trop beau pour rien faire? »

LUCIE.

Oui, Monsieur; chacun sait qu'un beau visage est une lettre de recommandation, et...

FERNAND.

C'est aussi une lettre de Bellérophon qui trahit celui qui la porte. Je parle généralement, une pareille lettre n'ayant pas été écrite pour moi. — Pourtant, Madame, l'homme que vous regardez ici sans danger, avec un peu de surprise et de désappointement, car je suis aussi laid que tout le monde, cet homme a été charmant.

LUCIE.

Ah!

FERNAND.

Oui, Madame; vous avez vu mon portrait dans une infinité de romans : j'avais un front de lys, un nez d'une coupe grecque irréprochable, un teint de rose, une bouche où se fût arrêtée l'abeille, un menton harmonieux et de longs cheveux soyeux avec des yeux bleus comme les cieux!

LUCIE.

Je vous crois, Monsieur.

FERNAND, saluant.

Merci! C'est alors que mes camarades de collége, m'ont surnommé : « *Trop beau pour rien faire.* » Si je n'eusse pas changé, j'aurais pu attribuer mes infortunes à ma beauté, comme Fitz-Roy, mais...

LUCIE.

Vous avez donc changé?

FERNAND.

Ah! vous êtes méchante, Madame; vous tout à l'heure si bonne!.. vous voyez bien qu'on peut changer.

LUCIE

Il me semble à moi qu'on resterait toujours jeune, comme
est le soleil, et beau comme sont les enfants, si l'on pouvait
toujours rester heureux et pur !.. mais il paraît que c'est l'impossible : le premier chagrin qui nous arrive nous met dix ans
sur le front...

FERNAND.

Et la première faute que nous commettons nous tire les yeux
ou nous grossit le nez !.. Comme c'est vrai, Madame, ce que
vous dites-là ; mais, comme c'est drôle de l'entendre dire sous
le masque !

LUCIE.

Pourquoi donc ?

FERNAND.

Parce que d'ordinaire, si dans une conversation d'homme à
femme il y a un masque entre eux deux, en cinq minutes,
tout au plus, ils arrivent à parler amour !

LUCIE, se levant.

Nous ferons exception, Monsieur, car vous vous rappellerez
à quelle condition vous êtes chez moi...

FERNAND, à part.

Elle aimerait donc son mari, cette charmante femme-là !
Quelle horreur !

SCÈNE IX.

Les mêmes, LEDENTU, apportant du thé. Il est un peu plus gris.

LEDENTU.

Madame...

FERNAND, montrant le visage de Ledentu.

Voilà une figure qui en a commis, des fautes... des crimes !

LEDENTU, légèrement gris.

Des fautes ! des crimes ! moi ! Madame, Monsieur, voici le
meilleur thé que dans un jour comme celui-ci...

FERNAND.

Assez, assez.

LEDENTU.

Des fautes ! des crimes !... Quant à votre Lisbeth, Madame,
elle déploie une vigueur qui nous met dans l'admiration !

LUCIE.

Parlez, Monsieur, je vous écouterai en préparant le thé.

FERNAND.

Eh bien ! Madame, j'ai eu beau changer, éprouver chagrin
sur chagrin, et accumuler faute sur faute...

LEDENTU, sort en répétant entre ses dents.

Des fautes... lui aussi ! des crimes...

SCÈNE X.

LUCIE, FERNAND.

FERNAND.

Mes amis ont persisté à me déclarer pour toujours trop beau pour rien faire, et mon guignon, car je suis l'enfant gâté du guignon, moi, Madame, les méchantes langues, les circonstances semblaient donner raison au sobriquet !

LUCIE.

Mais, Monsieur, eût-il été mérité, il n'y a pas d'exemple qu'un joli visage ait fait le malheur de celui à qui il est échu.

FERNAND.

Pas d'exemple, Madame ! mais, tenez, quand une femme dit : Il est vraiment beau, cet homme, il y a toujours là dix personnes pour ajouter : — Oui... « il doit être bête ! » Comment, Madame, pas d'exemple ! mais sans aller plus loin, nous avons déjà Apollon lui-même ! lorsqu'il descendit sur la terre, le plus haut emploi qu'il put obtenir fut celui de berger.

LUCIE, souriant.

Voulez-vous une tasse de thé... (Comme cherchant le nom.) Monsieur ?.....

FERNAND, distrait.

Apollon !

LUCIE.

Monsieur Apollon !

FERNAND, se fâchant.

Madame !... ah ! pardon, Madame ! non, c'est que c'est trop fort aussi de me dire qu'il n'y a pas d'exemple de..... Quel est donc l'homme prudent qui prendrait un Antinoüs pour professeur de ses enfants ? quel est le mari qui le permettrait pour médecin à sa femme ?

LUCIE.

Vous avez raison là-dessus, Monsieur, mais il y a d'autres carrières... l'armée d'abord.

FERNAND.

Oui, l'armée ; ce fut ma première pensée, mais mon père était officier, il fut tué en Afrique, et ma mère me fit jurer de ne me point faire soldat !... — Quelle est donc la position de Monsieur votre mari, Madame ?

LUCIE.

Il n'y a pas que les médecins, les professeurs et les militaires ; il y a les fabricants, les banquiers, les notaires.....

FERNAND.

Et puis les huissiers, n'est-ce pas ? et puis les paveurs, les joueurs d'orgue, les arracheurs de dents et les conducteurs d'omnibus !

LUCIE.

Il y a l'art, la voie des grandes facultés : on peut se faire peintre, statuaire.

FERNAND.

Et la vocation, Madame? Non, vous ne pouvez savoir dans combien de routes j'ai échoué sur terre et sur mer.

LUCIE.

N'avez-vous donc pas de famille?

FERNAND.

Je n'avais qu'un oncle, un industriel distingué, il est mort il y a deux ans.

LUCIE.

Et n'a-t-il rien laissé?

FERNAND.

Oh! si, il a laissé une très-jolie fortune, ce cher oncle... à sa femme. Il s'était marié à soixante-cinq ans tout exprès pour ça.

LUCIE.

Oh! ce n'est pas bien.

FERNAND.

Ce n'est pas mal, et ce n'est pas du mariage que je lui en veux. On m'a dit qu'ayant contracté une dette de reconnaissance envers un de ses amis, il s'était marié... ou du moins avait donné son nom à la fille de cet ami, restée orpheline et pauvre; une charmante personne, très-loyale et très-résolue! à ce qu'on m'a dit, du moins; car je n'ai jamais voulu remettre les pieds chez mon oncle...

LUCIE, à part.

Singulier rapprochement!

FERNAND.

Non, ce qui m'a éloigné de lui et de sa maison, c'est un présent qu'il s'est permis de me faire.

LUCIE.

Quoi donc?

FERNAND.

Un fort beau nécessaire de toilette avec mon nom gravé sur vermeil, et au-dessous de mon nom ce compliment : *Trop beau pour rien faire.* J'étais furieux, mais bah! j'avais besoin d'un nécessaire, autant valait celui-là qu'un autre, je l'ai gardé, il est là? Donnez-moi une tasse de thé, allez, Madame, si vous ne me trouvez pas trop beau pour ça!

LUCIE.

Voici, Monsieur.

FERNAND.

Merci! ne parlons plus de moi et encore un peu de sucre. (On entend jouer une valse.) Nous sommes au bal, Madame, vive le bal! vive les yeux brillants sous les masques sombres, et le thé parfumé offert par de blanches mains.

LUCIE.

Cet orchestre de campagne joue là une valse charmante.

FERNAND, écoutant et devenant rêveur.

Oui, oui, j'ai été heureux sur cet air là...

LUCIE.

Sur cette valse-là?

FERNAND.

Ma mère me la jouait souvent quand j'étais petit... (En reprenant sa gaité.) Aimez-vous la valse, Madame, voici mon bras...

LUCIE.

Valser ici! dans cette petite chambre! y pensez-vous, Monsieur?

FERNAND.

Eh bien! mais je vais l'agrandir. (Il va ouvrir la porte de communication.)

LUCIE, riant, en hésitant un peu.

Vous avez réponse à tout.

FERNAND.

Encore une fleur à ajouter au bouquet des souvenirs... valsons donc! Une allemande.

Air de valse. (Musique de Montaubry.)

(En valsant sur le refrain, Lucie et Fernand passent d'une chambre à l'autre; ils s'arrêtent ou marchent sans se quitter le bras pour dire les couplets, le premier couplet dans la chambre de droite, le second dans celle de gauche. —Quand la valse cesse, ils doivent être revenus à droite. en laissant ouverte pour la scène suivante la porte de communication.)

REFRAIN.

O doux vertige, ô valse charmeresse,
Emporte-nous dans tes accords vainqueurs
Pour un instant, à ta joyeuse ivresse,
Avec nos pas abandonnons nos cœurs!

I.

FERNAND.

Vive l'hiver et son riant cortége,
Les bals charmants fêtés par les amours!
Vive l'hiver, dont le manteau de neige
Cache des nuits plus claires que les jours!
O doux vertige, etc.

II.

LUCIE.

En attendant que le printemps renaisse,
Il est déjà dans le bal enchanté,
Dans les chansons que redit la jeunesse,
Et sur les fronts couronnés de gaîté.
O doux vertige, etc.

SCÈNE XI.

LES MÊMES, LEDENTU, encore un peu plus gris.

(Il apporte deux plateaux : l'un contient divers gâteaux, l'autre est recouvert d'une serviette.)

LEDENTU.

Voici des gâteaux fabriqués par moi sous l'empire... de l'émotion la plus vive.

FERNAND.

Comme c'est engageant! quel goût ça peut-il avoir?...

LUCIE, à part.

Ah! ça, qu'ai-je donc, moi? (Haut et cherchant à se remettre en montrant le plateau recouvert.) Et sur ce plateau, Monsieur, qu'y a-t-il?

LEDENTU.

Ah! Madame, il faut que ce soit vous pour que d'une main tremblante je vous apporte là...

FERNAND.

Vous rougissez le Cheval Blanc?

LEDENTU.

Moi! vous croyez que...

FERNAND.

Eh! voilà que vous pâlissez maintenant!

LEDENTU.

Pure émotion, émotion paternelle. C'est drôle... plus je veux la calmer en me rafraîchissant... et plus elle augmente.

LUCIE.

Mais enfin, qu'y a-t-il sur ce plateau?

LEDENTU.

Ah! oui .. Madame, vous ne devinez pas?... Eh bien... allons! il faut tout dire!... Apprenez qu'on vient de partager sa jarretière, à la mariée... Eh bien, quoi! que voulez-vous, vous êtes dans la maison, vous êtes de la noce... Bref, je vous en apporte un fragment ; (Il met un bout de ruban dans la main de Fernand, puis reculant vers la porte.) ne me faites pas le chagrin de refuser!... acceptez! non, là... vous me feriez trop de peine!...

FERNAND.

Pourvu qu'elle soit heureuse!...

LEDENTU, en sortant, avec un gros soupir.

Merci! vous me comprenez vous, Monsieur !

SCÈNE XII.

LUCIE, FERNAND.

LUCIE, qui vient de prendre le ruban dans la main de Fernand, le regardant avec mélancolie.

Pauvre épousée!...

FERNAND.

Vous vous attendrissez, vous, Madame! Pour moi, il m'a fallu tout mon pouvoir sur moi-même pour ne pas éclater de rire quand le bonhomme a découvert son plateau!

LUCIE.

Vous avez donc du pouvoir sur vous-même?

FERNAND.

Oui certainement, et beaucoup!... demandez-m'en plutôt une preuve!

LUCIE.

Vous ne me la donneriez pas!..

FERNAND.

Je ne vous... ah! Madame, vous voulez me renvoyer.

LUCIE.

Non, Monsieur, au contraire! seulement je vous avouerai que je n'ai jamais été au bal masqué, et ce masque m'étouffe.

FERNAND, vivement.

Je le crois bien! rien n'est plus meurtrier qu'un masque! Il faut le quitter, Madame, il faut le...

LUCIE.

Si vous avez assez de pouvoir sur vous-même pour rester là, sans tourner la tête, je m'assoierai ici et nous achèverons notre bal sans que j'y meure étouffée!...

FERNAND, d'un ton de reproche.

Quoi, Madame!...

LUCIE.

Ah! choisissez! comme j'ai encore envie de vivre, je serai forcée de vous congédier!

FERNAND, prenant sa chaise et venant se placer en avant de la scène.

Madame! il est de mon devoir de vous sauver la vie!... ça fait deux fois! ..

LUCIE. Elle avance d'une main une tasse de thé à Fernand, tandis qu'elle le force à rester immobile en appuyant l'autre main sur son épaule.

Enfin, Monsieur, malgré tous les malheurs dûs à votre surnom, il vous reste encore l'espoir!

FERNAND.

Oui, la petite bête que rien ne tue.

LUCIE.

C'est là ce qui vous conduit à Bade...

FERNAND.

Bade est maintenant pour moi le bout du monde. Là, si la chance me regarde encore de travers, si la fortune manque encore une fois son entrée, si la petite bête est tuée par un nommé Guignon, ma foi.....

LUCIE.

Vous irez rejoindre votre mère?

FERNAND.

Oui, Madame, j'irai... (Il fait un mouvement pour se retourner.)

LUCIE, l'arrêtant.

Faut-il vous attacher, Monsieur? j'ai justement là pour ça la jarretière de la mariée. (Après une pause.) Mais, Monsieur, en bonne conscience, au lieu d'aller à Bade demander votre avenir aux tristes chances du jeu, ne vaudrait-il pas mieux aller dès à présent retrouver votre mère. (Ici la valse précédemment entendue recommence.) Elle vous jouerait encore... (Écoutant.) Tenez, cette valse qui recommence, et quand vous l'écouteriez près d'elle, vous seriez encore heureux...

FERNAND.

Ah! Madame, en lisant ma lettre, vous n'avez donc pas compris, deviné....?

LUCIE.

Deviné quoi?

FERNAND.

Le pays où m'attend ma mère?

LUCIE.

Non...

FERNAND.

C'est le pays du repos, Madame! le seul d'où les mères elles-mêmes ne puissent pas revenir consoler leurs enfants!...

LUCIE, faisant un pas vers Fernand et prête à se laisser voir.

Mais alors, si vous perdez... vous voulez... (Elle s'arrête et s'assied toute émue. — A part.) Il n'a plus de mère!

FERNAND.

Ça ne vous fait pas plaisir, Madame! d'apprendre tous ces petits détails-là; mais veuillez vous rappeler que vous n'êtes pas mon ami Georges et que je ne vous ai pas suppliée à genoux de lire ce que j'écrivais.

LUCIE, à part et regardant Fernand.

Et penser que ce pourrait être lui!.. (Se levant et avec animation.) Eh bien! je ne m'en repens pas, Monsieur; je m'en applaudis, et je suis contente aussi de vous voir chez moi pour vous prier, pour vous supplier de renoncer à des idées si coupables, pour vous en prier à mains jointes, au nom même du souvenir de votre mère !

FERNAND.

Madame...

LUCIE.

Tenez, Monsieur, je ne puis vous dire encore l'objet de ma curiosité, veuillez d'abord y répondre; apprenez-moi votre nom?

FERNAND.

Henri Fitz-Roy.

LUCIE.

Monsieur!

FERNAND.

C'est mon masque, Madame! Si vous voulez que j'en dénoue les cordons, laissez tomber tout à fait le vôtre; permettez-moi de vous voir.

LUCIE.

Non, Monsieur, je ne puis, mais...

FERNAND.

Alors, Madame, je me nomme Henri Fitz-roy. *Trop beau pour rien faire.*

LUCIE, à part.

Que lui dire, mon Dieu!... (Jetant les yeux autour d'elle et arrêtant ses regards sur une branche de buis suspendue au-dessus d'une glace.) Ah! (Elle détache le buis et vient près de Fernand.) Nous allons nous séparer, Monsieur, et sans doute pour ne jamais nous revoir... Vous répugnerait il d'accepter un souvenir de moi?

FERNAND.

Permettez, Madame; est-ce que vous voudriez me donner un nécessaire?

LUCIE.

Rassurez-vous : ce souvenir que je vous offre, promettez-vous de le garder?

FERNAND.

Toujours! Madame, je vous le jure! (A part.) Qu'est-ce donc?

LUCIE , baisant la branche de buis, et venant s'appuyer au dossier de la chaise de Fernand.

Prenez....

FERNAND , sans la prendre encore.

Une branche de buis ?...

LUCIE.

Sur laquelle je viens de metttre un baiser. (Mouvement de Fer-nand.) Vous avez juré de ne vous en séparer jamais! Eh bien! si vous persistez dans votre fatal projet, au moment de l'ac-complir, peut-être ma pauvre petite branche viendra-t-elle frapper vos yeux; peut-être vous rappellera-t-elle ce temps heureux de l'enfance envolée, ce dimanche fleuri où nos mères souriantes nous ramenaient de l'église au foyer les bras chargés de ces rameaux bénis...

FERNAND , ému.

Ah! feu mon cœur !..

LUCIE.

Il vous faudra bien plus de courage alors, Monsieur ; car en vous parlant de moi , cette branche vous parlera de votre mère, et si vous voulez toujours.....

FERNAND , saisissant le buis.

Non, non !.. je ne le veux plus, je vous le jure ; (S'emparant de la main de Lucie et la couvrant de baisers en se laissant glisser à genoux.) je vous le jure à genoux, mais je veux voir l'ange... (Il relève la tête : en le voyant quitter sa place, Lucie a précipitamment remis son masque.) Ah ! ce masque, ce masque toujours !.. cette main du moins, je la tiens et... (Il la baise de nouveau.)

LUCIE.

Rendez-moi ma main, Monsieur, ou bien...

FERNAND.

Ou bien?

LUCIE.

Dites-moi votre nom ?

FERNAND.

Verrai-je votre visage ?

LUCIE.

Non ! non ! je ne puis...

FERNAND.

Madame, Madame! je vous en conjure!

LISBETH , au dehors.

Ouvrez, Madame, c'est moi... Il n'y a pas de clé...

LUCIE.

Lisbeth! Debout, Monsieur! et rentrez chez vous, je vous en prie, je le veux...

FERNAND, se relevant.

J'obéis, Madame...

LUCIE, se dirigeant vers la porte.

Merci, Monsieur! et souvenez-vous de votre serment.

FERNAND, en rentrant chez lui.

C'est en me souvenant de vous, Madame, que je me e rappellerai. (Il rentre, Lucie jette son masque et ouvre à Lisbeth.)

SCÈNE XIII.

LUCIE et LISBETH, à droite. FERNAND, à gauche,

LISBETH , entrant.

Tiens! elle était tombée, cette clé! (Elle la replace.)

LUCIE, encore un peu émue.

Tu dois être fatiguée, Lisbeth; va te reposer, bonne fille, va!.. (Elle s'assied et reprend son livre, mais sans y attacher les yeux.)

LISBETH.

Moi, fatiguée! ah! bien par exemple!.. c'est bien une trentaine de valses ou de quadrilles qui me fatiguerait!.. et puis, pour une couple d'heures que j'aurais à dormir, ça n'est guère la peine! J'aime mieux tenir compagnie à Madame. (Elle s'est assise sur le canapé et met un des coussins sous sa tête.)

LUCIE , s'arrêtant.

Ce serait donc là ce neveu, ce fils de sa sœur dont M. de Fresnes évitait de me parler...

FERNAND, s'asseyant, se relevant, faisant le tour de sa chambre et s'asseyant enfin.

Pourquoi diable tenait-elle si fort à connaître mon nom?

LUCIE.

Au moins j'ai sa promesse, et je suis sûre maintenant... Dis donc, Lisbeth, l'as-tu connu, toi, le neveu de mon mari?..

LISBETH , déjà à moitié endormie.

Hum! le mari de Madame? Madame croit donc avoir eu un mari?.. Il y a de quoi rire! un homme de cet âge-là!..

LUCIE.

Enfin!.. réponds; ce neveu...

LISBETH, s'arrangeant pour dormir plus commodément.

Eh bien! oui, le petit Fernand de Commery, le neveu de Monsieur, j'entends bien... et... je... je... (Rêvant déjà.) Merci, Monsieur, je ne danse plus!..

FERNAND.

Et dire qu'elle partira sans que j'aie vu ses traits ! c'est épouvantable !..

LUCIE, regardant Lisbeth.

Elle dort !.. pauvre Lisbeth! pourvu qu'elle ne prenne pas froid après avoir eu chaud en dansant !.. (Elle ôte son pardessus et en couvre Lisbeth.)

FERNAND.

Je veux la voir ! je la verrai !.. ah ! cette fenêtre ! peut-être qu'une galerie... (Il court ouvrir la fenêtre.)

LUCIE.

Comment m'assurer si c'est bien le neveu de M. de Fresnes... ma délicatesse est engagée à le savoir, car enfin...

FERNAND.

Non, mais par l'autre escalier, j'entrerai à l'improviste en oubliant de frapper, et... c'est cela, allons ! (Il sort par le fond en faisant claquer la porte.)

SCÈNE XIV.

LUCIE, LISBETH, dormant, puis **FERNAND,** à droite.

LUCIE.

Ce bruit ! je crois qu'il sort de chez lui... si j'en étais sûre?.. ce nécessaire dont il parlait et qui porte son nom m'apprendrait... (Appelant.) Monsieur !.. Pas de réponse; il n'est plus là... qu'ai-je à craindre? (Elle tire le verrou doucement, entr'ouvre la porte et passe sa tête avec crainte.) Personne ! (Elle écoute, entre timidement, va écouter à la porte de gauche, puis redescend en cherchant autour d'elle; à ce moment, Fernand paraît dans la chambre de droite, il regarde avec précaution et dit à demi-voix.)

FERNAND

C'est ici !.. ô bonheur !.. Elle dort !.. (Près du guéridon.) Tiens ! ma jarretière... c'est à moi ce pudique ruban... Voyons vite ma jolie dormeuse !.. (Il prend un flambeau, se retourne vers le canapé et se trouve en face de Lisbeth. A sa vue, il s'arrête court, avance encore la tête comme pour mieux voir, et, se mordant les lèvres, pousse un profond soupir. Il remet ensuite le flambeau sur le guéridon et regagne la porte. Au moment de l'ouvrir, il redescend la scène et dit.) Eh! bien ! voilà le bal masqué ! c'est toujours comme ça... (Encore un gros soupir, et il disparaît.)

LUCIE, qui s'est approchée du guéridon, puis du canapé sur lequel Ledentu a placé les effets de Fernand.

Ah ! (Soulevant le nécessaire et lisant.) Fernand de Commery... C'est lui, c'est bien lui!.. (Elle rentre rapidement chez elle, remet le verrou, et s'arrête très-émue.) Ah ! comme mon cœur bat ! mais que faire, à présent... (Elle réfléchit.) C'est qu'il est très-bien !.. malgré son surnom.

FERNAND, rentrant chez lui et allant tomber dans son fauteuil d'un air abattu.

Allons! encore un rêve qui reprend son vol vers le pays des rêves.

LUCIE.

Lisbeth dort toujours! (D'un air préoccupé en regardant la cloison.)
Oui, oui, c'est cela, il le faut.

FERNAND, donnant un coup de poing sur le guéridon.

Non! ça ne manque jamais; vous vous trouvez à un bal où
il n'y a qu'une femme; une seule! ô ivresse! ô amour. Le
masque tombe! (Fredonnant.) « Plus d'amour, plus d'ivresse! » La
dame a cent quatre-vingt-dix-neuf ans et elle est laide... comme
un usurier!...

LUCIE.

Il est rentré!... (Appelant.) Monsieur!...

FERNAND, sans répondre.

Et une voix adorable, pardieu.

LUCIE.

Monsieur!

FERNAND, de même.

Je l'ai réveillée!... (Haut.) Madame!

LUCIE.

Monsieur, je voudrais avoir une explication avec vous.

FERNAND.

Ah! saperlotte! (Il court mettre son verrou.)

LUCIE, à part.

Eh bien, il s'enferme!... (Haut.) Pardon, Monsieur, pour tant
d'insistance, mais... vous êtes bien M. de Commery, le neveu de
M. de Fresnes?

FERNAND, haut.

Vous voulez dire que M. de Fresnes était mon oncle, Madame;
je ne m'en défends pas! (A part.) Mais comment sait-elle? Ah!
le Cheval Blanc!

LUCIE.

Eh bien! j'ai à vous parler de la part de sa veuve, madame
de Fresnes...

FERNAND.

Ma tante! mais je ne veux pas entendre parler d'elle, moi,
Madame!... Vous la connaissez-donc?

LUCIE.

Oui, Monsieur, et je sais qu'elle vous cherche depuis longtemps, pour vous restituer une fortune qui est la vôtre, car...

FERNAND.

Madame, ceci est sérieux; je n'accepterai jamais un centime
de cette fortune!...

LUCIE.

Mais, si en voyant votre tante vous veniez à l'aimer, et que...

FERNAND.

Je ne l'aimerai pas, Madame...

LUCIE.

Peut-être!... Si elle me ressemblait?

FERNAND.

Madame, je ne l'ai... (Se reprenant.) Je suis chevalier de Malte!

LUCIE, à part.

Quel incroyable changement... (Haut.) Monsieur, je suis dans un très-grand danger et vous seul pouvez me sauver la vie.

FERNAND.

Je vous l'ai sauvée deux fois ce soir, Madame, c'est assez pour le moment...

LUCIE, à part.

Il devient d'une impertinence. (Haut.) Monsieur, j'ai à vous remettre un bout de ruban resté dans mes mains et qui vous appartient.

FERNAND.

La jarretière de madame... trois étoiles; mais je l'ai, Madame, c'est mon bien et je l'ai... (A part.) Je crois qu'il va falloir barricader ma porte!...

LUCIE, à part.

Il l'a... (Regardant chez elle.) En effet, ce ruban n'est plus là!... Il est donc entré ici, il l'y a repris, tandis que j'étais... (Elle montre la gauche.) Mais alors, il a vu Lisbeth entourée de mon pardessus... (Partant d'un joyeux éclat de rire.) Ah! ah! ah! ah!

FERNAND.

Tiens, elle rit!.. Elle rit comme si elle avait vingt ans, la malheureuse!

LUCIE, haut.

Ainsi, Monsieur, vous ne voulez pas m'ouvrir?

FERNAND.

Impossible, Madame, je suis parti, je suis déjà très-loin, sur la route de Bade.

LUCIE.

Bon voyage, Monsieur, bon voyage! (A part.) Ayons recours à un moyen violent! (Elle sort vivement par la porte du fond.)

SCÈNE XV.

LISBETH, dormant, FERNAND, à gauche, puis LEDENTU, puis LUCIE de ce côté.

FERNAND.

Elle va simplement enfoncer la porte, c'est évident... Il vaut mieux fuir... Diable! mais ça devient grave!... ça me rappelle mon anecdote chez ces sauvages d'Afrique. Je plaisais à la fille du roi, une grande demoiselle avec des anneaux dans le nez!.. Le roi risquait la mésalliance; bah!... en Afrique!... *Trop beau!* auraient dit mes amis, *toujours trop beau!...* — Blanc, me dit un soir le roi, tu épouseras ma fille...—ou je te mangerai, choisis... — Beau-père, répondis-je, j'aime mieux entrer dans votre famille que dans votre estomac; j'épouse votre fille demain... Et pendant la nuit nous gagnâmes le large. (Il a pris ses effets sous son bras en parlant, et se dirige vers la porte en disant :) Gagnons le large !

LEDENTU, paraissant à la porte, et toujours plus gris.

Madame Fernand de Commery fait demander à Monsieur l'honneur d'un moment d'entretien.

FERNAND, laissant tomber ses effets.

Madame Fer... Quelle est cette dame ?

LEDENTU, ramassant les paquets.

Eh ! parbleu, Monsieur, c'est... c'est votre femme !

FERNAND, stupéfait.

Ma f.... ma.... où diable me serais-je donc marié ? Faites entrer, malheureux, faites entrer Mad... ma femme.

LEDENTU, ressortant et reparaissant aussitôt.

Madame Fernand de Commery. (Lucie paraît, enveloppée de la mante de Lisbeth, et la tête couverte d'un voile épais ; Ledentu se retire.)

SCÈNE XVI.

FERNAND, LUCIE.

FERNAND, troublé, avançant un siége.

Madame, je... croyez, Madame...

LUCIE, allant parler à l'oreille de Fernand, et très-bas pour déguiser sa voix, en rejetant son voile en arrière :

Monsieur, comment me trouvez-vous ?

FERNAND.

Ah ! Madame !... l'homme le plus troublé du monde serait forcé de dire : charmante et dirait encore trop peu (A part, en jetant un regard vers la droite.) Si ma voisine avait seulement la moitié de ce visage-là !... (Reprenant, à Lucie.) Oh !... charmante !... mais, un mot ? vous voulez bien venir chez moi à cinq heures du matin pour me demander comment je vous trouve... c'est tout simple ! il n'y a rien de plus naturel au monde ; c'est pourquoi j'implore mon pardon d'avance pour une question vraiment bien indiscrète que je vais avoir l'honneur de vous adresser.....

LUCIE, même jeu.

J'écoute !

FERNAND.

Je ne sais pas même comment j'ose vous demander ça !... par quel hasard, Madame... portez-vous mon nom ?

LUCIE, reprenant sa voix ordinaire.

Parce que je l'aime, Monsieur, comme celui d'un bon, franc et brave jeune homme que je ne trouve pas trop beau pour rien faire et que je sais trop loyal pour mal faire !...

FERNAND.

Cette voix ! Est-il possible ! c'était vous ! (Montrant la droite.) Mais qui donc ai-je vu tout à l'heure ?

LUCIE.

Ma gouvernante qui dormait, tandis que j'étais ici lisant votre nom...

FERNAND.

C'est comme un rêve! Mais Madame,... votre mari?

LUCIE, avec un peu d'émotion.

Lui aussi, Monsieur, est allé au pays du repos rejoindre sa sœur, votre mère....

FERNAND.

Vous seriez?...

LUCIE.

Madame de Fresnes, Monsieur, qui ne peut pas garder plus longtemps sans remords une fortune qui devait vous appartenir...

FERNAND.

Mais je refuse de...

LUCIE, continuant.

Et qui, sachant votre désintéressement, vous dit: ce nom que j'ai pris pour entrer chez vous, laissez-le moi pour rentrer dans le monde; ah! si vous refusez, il faudra me rendre ma branche de buis!

FERNAND, mettant un genou en terre, et s'emparant de la main de Lucie.

Non! non! je la garde! avec la main qui me l'a donnée. (La porte s'ouvre.)

LUCIE.

Relevez-vous!...

SCÈNE XVII.

Les mêmes, LEDENTU.

LEDENTU.

Madame, Monsieur, les postillons sont attelés, non! les chevaux sont... non!...

LUCIE.

Bien, Monsieur; voulez-vous prévenir Lisbeth. (Ledentu entre à droite et va au canapé. — La musique reprend.)

FERNAND, bas à Lucie.

Cette valse, la reconnaissez-vous? (Lucie le regarde en souriant. — Appelant.) Ah! le Lion d'Or? (Ledentu revient à gauche, suivi de Lisbeth.) Combien y a-t-il de chevaux à la voiture de Madame?

LEDENTU.

Onze, Monsieur. (Se reprenant.) Trois, Monsieur.

FERNAND.

Et à la mienne?

LEDENTU, comptant sur ses doigts.

Deux.

FERNAND.

Eh bien! faites-les atteler tous les cinq à la même voiture : nous arriverons plus vite.

LUCIE.

Où donc, beau neveu?

FERNAND.

A Rome, jolie tante! n'y va-t-on pas chercher des dispenses?

LUCIE.

Lisbe' ...je te présente mon mari!

LISBETH.

Ah! cette fois-ci... ça sera pour tout de bon! Ce que c'est pourtant!... voilà un mariage bâclé, grâce à l'auberge du père Ledentu.

LUCIE.

Grâce à cette branche de buis, au souvenir de votre mère...

FERNAND, lui donnant la main.

Grâce à l'amour!

LEDENTU, tombant assis.

Pourvu qu'elle soit heureuse, ô mon Dieu!

FIN.

Paris.—Imprimerie Morris et C_{ie}., rue Amelot, 54.